お静かに
QUIET PLEASE
FINISH
ガイド

決定版!

パラスポーツ大百科 3

［サッカー・野球・ラグビー ほか］

監修 藤田紀昭 日本福祉大学教授

もくじ

※この本で紹介する各競技のクラス分けなどのデータは、2020年8月現在のものです。

この本に出てくるパラスポーツに関する用語

肢体不自由

運動機能に障がいがある状態のことで、全ての身体障がいの約半数を占めます。
「肢体」とは主に手と足を指す言葉で、広くは頭や胴体を含めた体全体を指します。「肢」は手足、「体」は頭や首（頸）、胴体のことを指します。胴体は特に「体幹」とも呼ばれます。
上肢（手や腕）・下肢（大腿部・下腿・足）の障がいは、重い順に1級から6級までに分けられます。

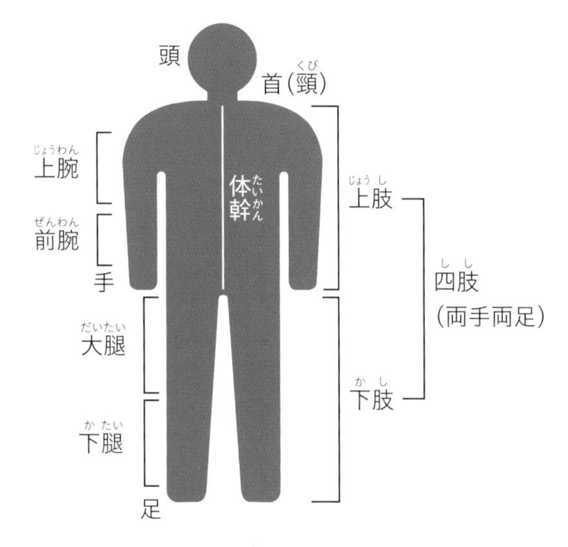

【関連する用語（障がいの原因・疾患）】

●脳性まひ
酸素欠乏や感染、奇形などによる脳の損傷のことで、いろいろな運動困難や筋肉のこわばりなどを起こします。

●脊髄損傷
脊髄（背骨を形作る脊椎の内部を通る神経の束）が事故などによって傷つき、脳から体への指令、体から脳への信号がうまく機能できなくなることをいいます。

【関連する用語（症状・状態）】

●対まひ
脊髄損傷などが原因で、両足が思うように動かせない障がいのこと。左右どちらかのまひの場合は「片まひ」といいます。

●痙性まひ
脳や脊髄の損傷によって、手足が突っぱり、関節を自由に動かせない運動障がいをいいます。

●筋緊張亢進
筋肉に常に力が入っていて、力を抜くことや、コントロールすることが難しい状態をいいます。

●運動失調
運動の動作を円滑に行うことが難しい状態のこと。協調運動障がい（ラジオ体操のように手足を同時に別々に動かすことができないなど）も含みます。

●アテトーゼ
筋肉のコントロールが難しく、自分の意思と関係なく、常に体の一部が動いてしまう状態のことです。

●痙直型
手足が硬直して、手先や足先が常に突っぱったような状態になることをいいます。

●四肢欠損
生まれつき、手足の一部または全部を失った状態。事故や病気などで手や足の一部を失う「**切断**」も含みます。

●他動関節可動域制限
関節の動きがうまくできない状態をいいます。

●筋力低下
手足や腹筋・背筋などの筋力が低下した状態をいいます。

●筋強直
筋肉がこわばってうまく動かせない状態をいいます。

●脚長差
先天的または外傷などで片足の骨が短くなるなど、左右の足の長さが異なっている状態のことをいいます。

●低身長症
軟骨の発育不全などの病気により、身長の発育が制限されている状態。身長が男子は145㎝以下、女子は137㎝以下などの条件があります。

●体幹が利かない
「体幹」とは頭や首、上肢・下肢を除いた胴体部分のこと。「体幹が利かない」は、上半身を真っ直ぐに支えることが難しい状態を指す言葉で、重度の障がいに分類されることが多い状態です。

視覚障がい

視力や視野に障がいがあり、ふだんの生活の中で支障がある状態のこと。障がいの重い順に１級から6級までに分けられます。

【関連する用語】

●矯正視力

近視や乱視などの矯正眼鏡をかけた状態のこと。

●視力

万国式試視力表（ランドルト環による視力表など）によって測った視力。

ランドルト環の視力表

●視野

視線をまっすぐ前にして動かさない状態で見える範囲のこと。これが狭い状態を「視野狭窄」といいます。

●全盲

医学的に光を感じない状態。5人制サッカーやゴールボールなどでは、選手間の不公平をなくすために、アイマスクをして出場選手を全て同じ全盲の状態にして試合をします。

アイマスクをしてプレーする５人制サッカーの選手

●光覚

光を感じられる程度。

●弱視

「ロービジョン」ともいい、視力が低い、視野が狭い、薄暗いところで見えないなど、目が見えにくいさまざまな状態を指します。

マラソンのガイドランナー（左）

●晴眼者

目が見える人のことをこう呼びます。視覚障がい者を安全に誘導するガイドランナーは晴眼者がつとめます。また、５人制サッカーのゴールキーパーは晴眼者または弱視者が行います。

聴覚障がい

耳の機能の障がいで聴覚が不自由なこと。障がいの重い順に2級から6級まであり、言葉を覚えた後に聞こえなくなり、話すことができる「**中途失聴者**」、補聴器を使えば会話できる「**難聴者**」、言葉を覚える前に失聴し、口話による会話が難しい「**ろう者**」に分類されます。団体競技では、手話やアイコンタクトなどを頼りにプレーします。

【関連する用語】　●健聴者　耳が聞こえる人のこと。

「集中しよう」と仲間に呼びかける聴覚障がいのサッカー選手

知的障がい

知的機能の障がいがあり、認知能力が全般的に遅れている水準にあること。知能指数（IQ）と同時に適応能力にも制限があり、これらが18歳未満で生じている場合のことをいいます。

立位と座位

「立位」は立った状態のこと。車いすなどを使わずに競技に臨むことを表す言葉としてよく使われます。義足やクラッチ（松葉杖のような体を支える用具）を使用するクラスなどを指すこともあります。

「座位」は座った状態のこと。脳性まひや脊髄損傷で体幹が安定せず、「座位が保てない状態」などという使われ方をします。また、車いすなどに座った状態で競技に臨むことを表す言葉としてもよく使われ、「レーサー」などの競技用具を含むほか、冬季種目のチェアスキーなども指します。氷上そり（アイススレッジ）を使う競技もあります。

義足（左）とクラッチ（右）を使用する選手

短距離用車いす「レーサー」を使用する選手

5人制サッカー

パラリンピック競技

対象となる障がい者

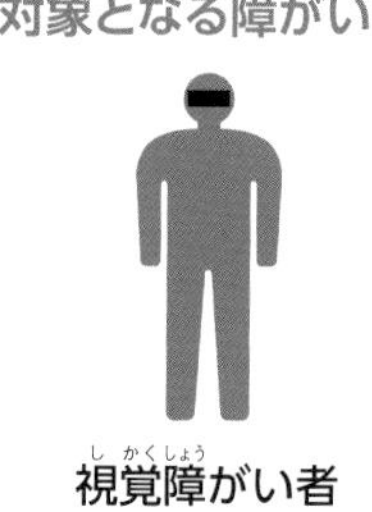

視覚障がい者

どんな競技?

視覚に障がいのある選手が5人対5人で行うサッカーで、「ブラインドサッカー」、略して「ブラサカ」ともいいます。

フィールドプレーヤーの4人は、不公平をなくすために、全員がアイマスクをし、完全に見えない状態でプレーします。

ボールはゆすったり、転がったりすると「シャカシャカ」と音が出るようになっていて、選手はこの音を頼りにプレーします。ゴールキーパーだけは晴眼者（目が見える人）や弱視の人がつとめることになっています。

コートの大きさやルールはフットサルに似たもので、オフサイドなどはありませんが、サイドフェンスにバウンドさせることができるなど、独特のルールがあります。

選手たちは、まるで目が見えているかのようにボールをあやつり、ドリブルやパスを使って相手ゴールに迫ります。

ゴールの後ろではガイドがひかえ、選手たちにゴールまでの距離や角度などを大声で伝えます。ガイドが試合を大きく左右することもあります。

選手は、まるで目が見えているかのように、迫力のあるプレーを見せます（写真提供／日本ブラインドサッカー協会・鰐部春雄）

視覚障がい者スポーツのクラス分けとして、以下の3つの分類があります。5人制サッカーの国際大会ではB1のクラス、国内大会ではB1に加えて、B2クラス、B3クラス、そして晴眼者も参加できるルールになっています。

クラス		対象となる選手
B1	重い	全盲から光覚（光を感じられる程度の視力）まで。
B2	障がいが	矯正後の診断で、視力0.03まで。 または、視野5度まで。
B3	軽い	矯正後の診断で、視力0.1まで。 または、視野20度まで。

アイマスク

視覚障がいの程度で不公平が生じないように、選手全員がつける目かくしです。アイマスクの下にアイパッチを着けることで、完全に光を遮断できます。また、国内大会の場合には、ヘッドギアの着用も義務づけられています。

ボール

中に鈴のようなものが入っていて、転がったり、ゆすったりすると「シャカシャカ」という音が鳴ります。

ボールの中には音が鳴る鈴のようなものが入っています。

写真提供／日本ブラインドサッカー協会

コートのイメージ
試合はフットサルと同じ大きさ（40m×20m）のコートで行われます。
5人制サッカーの大きな特徴はサイドフェンスが設けられていること。
サイドラインからボールが出ることはなく、
フェンスを使った戦術も見られます。
●サイドフェンス
およそ1mの高さがあります。選手は必要に応じてこのフェンスを触り、自分の位置どりを確認します。また、ボールをサイドフェンスにぶつけて味方にパスをしたりします。
●コーチ
ボイ！
●ガイド（コーラー）
ゴールの後ろに立ち、味方の選手に大声で指示を出します。
ガイド
●ペナルティエリア
ディフェンス側がこのエリアの中で反則をすると、相手にPK（ペナルティキック）が与えられます。

●ゴールキーパー

サッカーと同じように両手を使うことができます。晴眼者または弱視の選手がつとめます。相手が攻めてくるときには、声を出してディフェンスに指示します。

●ゴール

高さ2.14m、幅3.66mあり、フットサルよりも少し大きなサイズです。

●ゴールキーパーエリア

幅5.82m×奥行き2mの大きさがあります。キーパーがこのエリアの外に出てプレーに参加すると、相手にPKが与えられます。

試合の流れ

試合は10分のハーフタイム（休憩）をはさみ、前後半20分ハーフで行われます。（以前は25分ハーフで行われていました）

前半 20分	ハーフタイム 10分	後半 20分

特別なルール

5人制サッカーには、
視覚障がい者が行う競技ならではのルールがあります。

●ノーボイ

視覚障がいのある選手同士がぶつかりあうため、5人制サッカーのフィールドプレーヤーには常にけがの危険がつきまといます。

このため、ボールを持っている相手に対して、ディフェンス側の選手がボールを奪いにいくときには、必ず「**ボイ！**」（スペイン語で「行く」という意味）と声を出さなければならないという、5人制サッカー独特のルールがあります。「ボイ！」と声に出さずにボールを持った相手に近づくと、「ノーボイ」という反則となります。

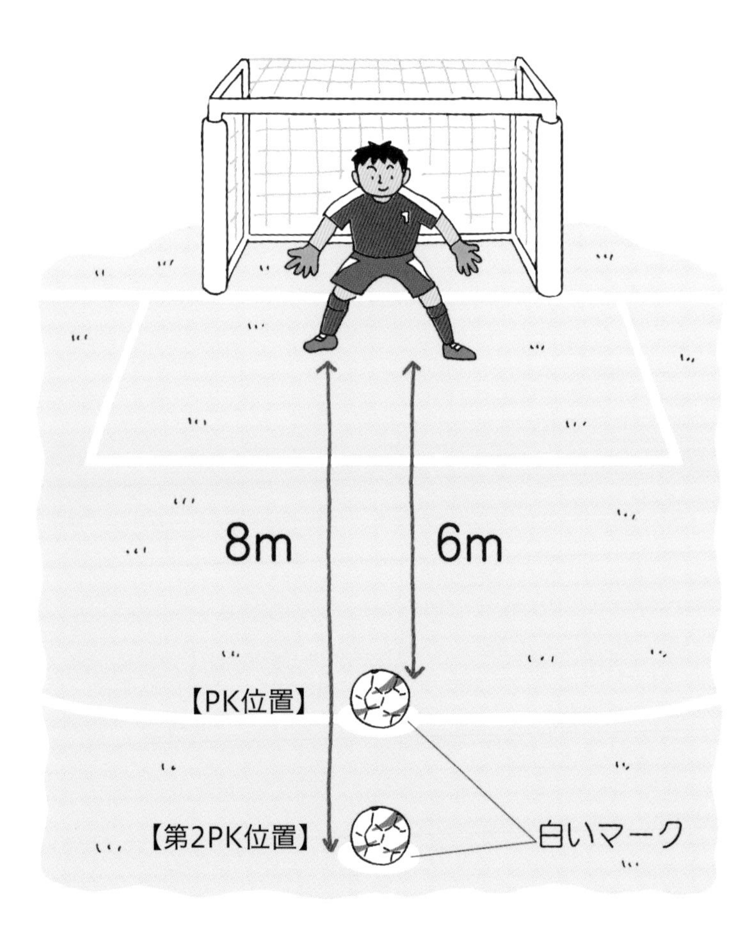

●2種類のペナルティキック

一般のサッカーやフットサルと同じように、ボールを意図的に手で扱ったり、相手選手にタックルしたりすることは反則になります。その場合には、その場からのフリーキックが相手に与えられます。

これがもしペナルティエリア内で反則があると、【PK位置】（ゴールまで6m）からペナルティキックが与えられます。

また、前後半それぞれでチームの反則が6つを超えたときは、【第2PK位置】（ゴールまで8m）からのペナルティキックとなります。

●サイドフェンスを活かせ!

5人制サッカーの大きな特徴であるサイドフェンスは、選手が自分の現在位置を確認する上で活用できるほか、戦術としても重要になります。たとえば、フェンス際でボールをキープしながら攻めたり、フェンスにボールをバウンドさせてパスをつなぐこともできます。ゴールキーパーからは、まずサイドフェンス近くにいる味方にパスを出すことが多くなります。

●ボールの音を消せ!

5人制サッカーは常に「シャカシャカ」と鳴るボールの音を頼りにプレーが行われますが、ボールが空中にあるときには音が鳴りません。

この特徴を使って、たとえばボールを高く空中に浮かせて相手を抜く「シャポー」と呼ばれるテクニックがあります。言わば「消える魔球」で、高い技術が必要になります。

ガイド（左端）の指示に従ってディフェンダーを避けてシュートを打つ（写真提供／日本ブラインドサッカー協会・鰐部春雄）。

ガイドの役目

視覚障がいのある選手の目となってサポートするのが**ガイド**（**コーラー**ともいいます）です。試合のゆくえを左右する重要な役目があるともいえます。

ガイドは相手ゴールの後ろ側に立ち、選手たちに大声で指示を出します。自分が常に声を出すことで、フィールドの選手に相手ゴールの方向を教えます。そしてシュートできる位置に来た選手には、「7メートル！」「60度！」などと、ゴールまでの距離や角度を伝えます。

また、PKのときは、ゴールの端を棒でたたいてキッカーにゴールポストの範囲を知らせます。

ガイドは選手の入場や退場、ハーフタイムのときにも、常に選手の手を引くなどしていっしょに行動します。また、ゴールのときの喜びを分かち合うなど、選手との深い信頼関係を築きます。

●静寂と激しさと

音を頼りにプレーする5人制サッカーは、観客も静かに見守るため、静寂の中で行われる競技といえます。ボールが転がる音のほか、「ボイ！」の声、キーパーやガイド（コーラー）の指示、選手の息づかいなどがピッチ上によく響きます。

一方、体を張ったボールの奪い合い、サイドフェンスにぶつかり合う音など、静寂の中の迫力あるプレーも見どころのひとつです。

観客が拍手や声援を送ることができるのはゴールが決まった瞬間です。このときは、逆に大きな声援を送りましょう。

●高い空間認識能力

5人制サッカーの上級クラスになると、たくみなドリブルでボールをキープしたり、味方に正確なパスを出したり、見事にゴールのすみにシュートを決めたりと、「本当に目が見えていないの？」と思ってしまうほどのプレーが見られます。高度な技術を持つ選手たちは、コートの各所から聞こえてくる声や音を頼りに、頭の中でピッチ全体をイメージしながらプレーするといいます。

ロービジョンフットサル

対象となる障がい者

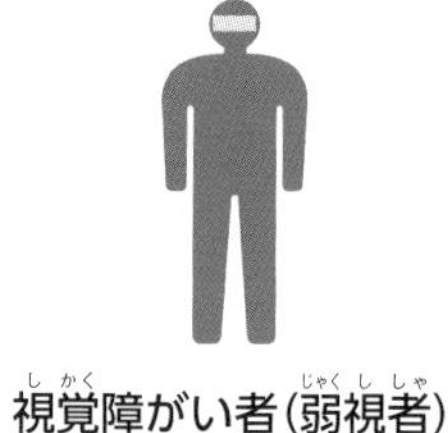

視覚障がい者（弱視者）

どんな競技?

おもに弱視の人が行う5人制のフットサルです。ブラインドサッカーのように音の鳴るボールやアイマスクを使用せず、弱視の人が弱視の状態のまま、一般のフットサルと変わらないルールで行うものです。

弱視（英語でロービジョンといいます）と一言でいっても、その見えにくさは個人によってまちまちで、周りの風景が全体的にぼやけたり、視野の一部が欠けて見えなかったり、全体的ににごって見えたりするなど、いろいろ見え方があるといわれています。

逆にその見えにくさのいろいろが、フィールド上に一般のフットサルにはない多くの「死角」を生むことになり、これが相手の弱点をつく戦術にもなれば、味方の弱点をつかれることにもつながります。こうした特徴が、ロービジョンフットサルの競技の幅を生み、ゲームのおもしろさにもつながっています。

2019年の国際大会では、日本代表チームが強豪のスペインを破り、国内の認知度もだんだん上がってきています。

シュートを打つ瞬間。見た目はまったくふつうのフットサルと変わりません（写真／日本ブラインドサッカー協会）。

B1の選手が参加できる公式の5人制（ブラインド）サッカーに対し、ロービジョンフットサルはB2とB3の選手が参加できる競技です。

クラス	対象となる選手	
B2	重い 障がいが	矯正後の診断で、視力0.03まで。 または、視野5度まで。
B3	軽い	矯正後の診断で、視力0.1まで。 または、視野20度まで。

●最低2人はB2クラス

ゴールキーパーをのぞくフィールドプレーヤー 4人のうち、最低2人はより見えにくいB2クラスの選手がいなければなりません。

●B3クラスは腕章

B3クラスの選手は必ず腕章をして、クラスがわかるようにします。

●はっきりした色を使う

ピッチやラインとはっきり区別がつく色のボールを使用しなければなりません。

7人制サッカー

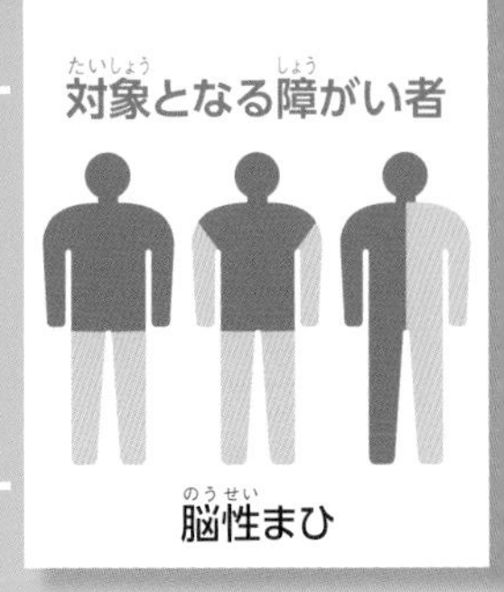

どんな競技？

脳性まひや脳卒中などによって運動機能に障がいを負った選手が、7人対7人で行うサッカーです。

杖を使用せず、自力で歩いたり、走ったりすることができる人が対象で、立った状態で行う脳性まひスポーツでは、ただひとつの団体競技です。

日本では、ふつう「CPサッカー」と呼ばれています。「CP」とは、英語で脳性まひを表す言葉「Cerebral Palsy」の略です。

コートは少年サッカーとほぼ同じ大きさ。ルールは一般のサッカーに準じて行われますが、片手でのスローインが認められているなど、脳性まひの選手が参加する7人制ならではのルールもあります。オフサイドがないため、後ろからゴール前に出すパスも自由です。

障がいの程度によって3つのクラスに分けられ、最も障がいの重いFT1のクラスの選手が最低1人含まれなければなりません。

競技の世界的なレベルは高く、かつてはパラリンピックの正式種目でした。また復帰できるように、日本をはじめ各国で活動が行われています。

ボール際の攻防。7人制サッカーは最近、女子選手も増えてきています（写真提供／日本CPサッカー協会）。

クラス分け

まひのタイプ（両まひ・四肢まひ・片まひ）にかかわらず、
障がいの程度によって、3つのクラスに分けられます。

クラス	対象となる選手
FT1	両まひ（両方の下肢にまひがある）
FT2	四肢まひ（アテトーゼ・痙直型・運動異常・運動失調）
FT3	片まひ（上肢または下肢の片方にまひがある）

重い
障がいが
軽い

特別なルール

障がいを考慮し、スローインなどに特別なルールがあります。

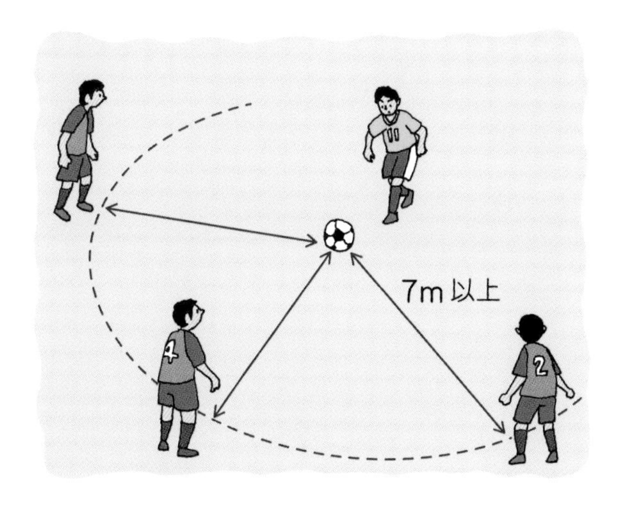

●スローイン

ボールを片手で転がして入れることができます。ただし、1m以内でグラウンドに触れるように投げなければなりません。

●フリーキック

フリーキックなどで試合が再スタートになるとき、キッカー以外は、ボールから7m以上離れなければなりません

協力／日本CPサッカー協会

アンプティサッカー

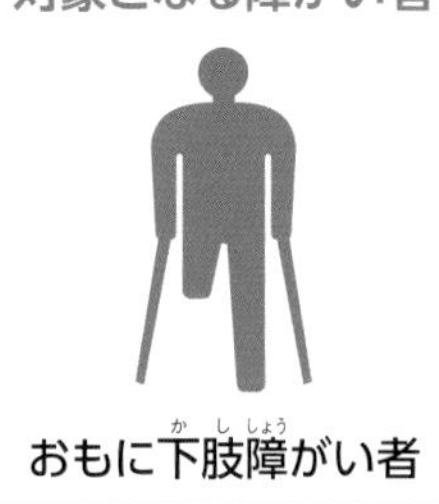

対象となる障がい者

おもに下肢障がい者

どんな競技?

下肢または上肢切断の障がいのある選手によるサッカーです。アンプティとは切断者という意味の英語です。1980年代に、戦争による負傷兵のリハビリの一環として始まりました。

この競技の大きな特徴は、義足などの特別な用具を使わず、ふだんの生活で使っている「クラッチ」と呼ばれる杖をそのまま使ってプレーできるため、気軽に参加できることです。

１チームは性別年齢関係なく7人からなり、基本的に6人のフィールドプレーヤーは下肢障がい者、ゴールキーパーは上肢障がい者がつとめます。40×60mのピッチに少年サッカー用のゴールを使用し、25分ハーフでゲームが行われます。ルールは一般のサッカーに準じますが、オフサイドがないことや、クラッチを故意にボールに当てるとハンド扱いになることなど、アンプティサッカー独自のルールもあります。

下肢切断の選手たちは、クラッチを器用に使い、華麗なドリブルやシュートを見せます。そのスピード感やプレーの正確さ、連携して相手ゴールに迫る迫力は、決して一般のサッカーに劣ることはありません。

国内では2010年に普及活動が始まったばかりで、まだ歴史の浅い競技ですが、ワールドカップに出場するなど、注目度が高まっています。

コートのイメージ

40×60mのピッチに少年用サッカーのゴールが使用されます。フィールドプレーヤーは6人で下肢障がい者、ゴールキーパーだけが上肢障がい者で試合が行われます。

クラッチをうまく使った華麗なドリブルでディフェンスをかわします（写真／アフロ）。

アンプティサッカーには一般のサッカーにはない、
特別なルールがあります。

●ハンド

手や腕でボールを触るとハンドの反則になりますが、クラッチ（杖）で故意にボールを触ることも、ハンドと同じ扱いになります。また、クラッチで相手を叩いたりすることも反則になります。

●オフサイド

オフサイドのルールはないため、相手ゴールキーパーと1対1の状態で後ろからパスをもらっても反則ではありません。

●キックイン

タッチラインをボールが割ったとき、一般のサッカーではスローインになりますが、アンプティサッカーではキックインになります。

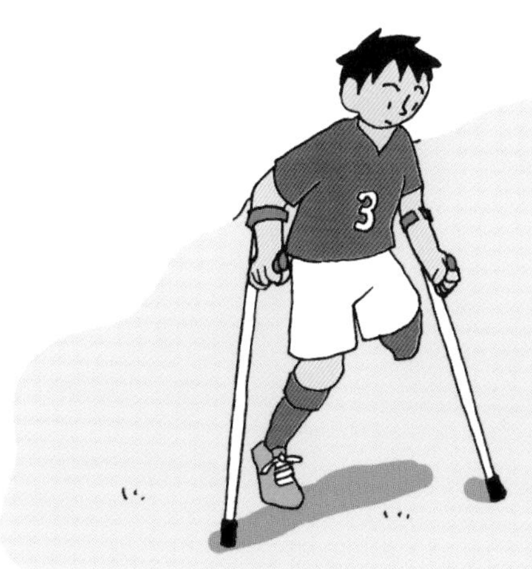

華麗なプレー

上級になると、下肢切断の障がいがあると思えない、一般のサッカーと同じような華麗なプレーも見られます。

●ボレーシュート

フェイントをかけたり、ドリブルして相手を抜いたりするのはもちろん、味方からのパスやコーナーキックなどを、クラッチを使ってジャンプし、そのまま空中でシュートする「ボレーシュート」を見せる選手もいます。

協力／日本アンプティサッカー協会

電動車いすサッカー

対象となる障がい者

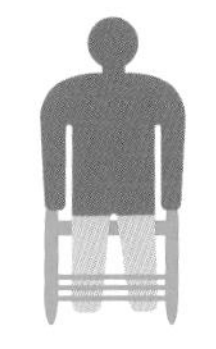

下肢などの重度障がい者

どんな競技?

フットガードつきの電動車いすを使って行うサッカーで「足で蹴らないサッカー」とも呼ばれます。男女の区別はなく、5歳以上で電動車いすの使用者は、誰でも気軽に参加できます。

おもにバスケットボールのコートを使用し、直径32.5cmの大きなボールを、両側にポストを立てた幅6mのゴールに入れて得点を競います。男女混合の4人制で行われ、うち1人はキーパーとなります。通常20分ハーフで試合が行われます。

一般のサッカーと違う点としては、2オン1ルール（ボールから半径3mのエリアでは、各チーム1人しかプレーできない）や、3インルール（ペナルティエリアにディフェンスが3人入ってはいけない）という独特のルールがあります。

選手の多くは歩行ができず、体幹の利かない重度な障がいがあります。しかし、手や足、あごなどを器用に使ってジョイスティック型のコントローラーを操作し、車いすと一体となったプレーを見せます。時速は10km以下と定められていますが、車いすをすばやく回転させるスピンキックや、攻守の入れかえの速さなど、見ごたえ十分です。

国際大会でたくみなボールコントロールを見せる日本代表選手（写真／日本電動車椅子サッカー協会）。

障がいの程度により、国際大会では２つのクラスに分けられます。比較的障がいが軽いPF2クラスの選手がコート上でプレーできるのは、一度に２人までと決められています。

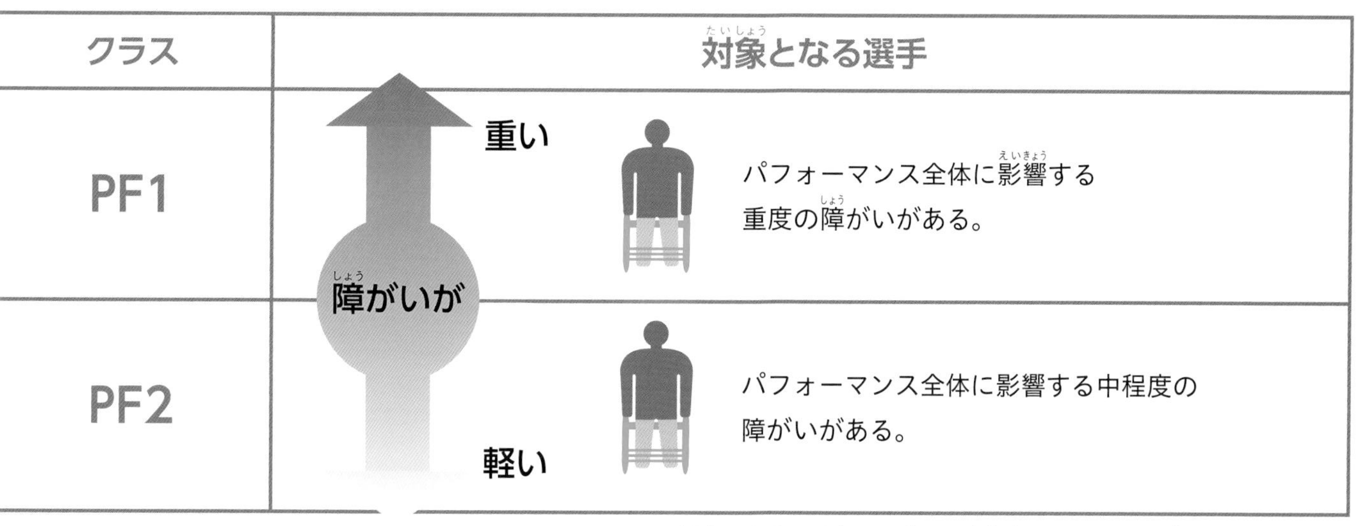

クラス	対象となる選手
PF1	パフォーマンス全体に影響する重度の障がいがある。
PF2	パフォーマンス全体に影響する中程度の障がいがある。

※国内の大会ではクラス分けは実施されていません（2020年8 月現在）。

バスケットボールと同じ大きさのコートで行われます。車いすをすばやく回転させて繰り出すスピンキックで、高速のパスやシュートを見せる選手もいます。

デフサッカー

どんな競技？

「デフ（deaf）」とは英語で耳が聞こえない（または聞こえにくい）こと。こうした聴覚障がいのある人たちがプレーするのがデフサッカーです。ルールや試合の運び方などは一般のサッカーと同じです。しかし、選手たちは、競技中は補聴器などをはずすことが義務づけられているため、「音が聞こえない」状態でプレーしなければなりません。聴覚障がいを補う特別なルールもなく、特別な用具も使用しないのです。

サッカーではコミュニケーションが欠かせません。そこで頼りになるのは、「目に見えるもの」。選手たちは、手話やジェスチャー、アイコンタクトなどを頼りにプレーします。審判から選手たちに判定を知らせるのはフラッグです。

国際大会の参加基準は、「両耳の聴力が55db以上でないと聞こえない」ことが条件になります。55dbとは、犬の鳴き声や電話の着信音がようやく聞こえるくらいのレベル。周りの人の話し声はほとんど聞き取れないくらいといいます。

4年に一度、世界の聴覚障がい者が集まるデフリンピックやワールドカップでのデフサッカーの日本代表の活躍は目覚ましく、世界の強豪を相手に互角の戦いをしています。

体をぶつけながらボールを奪い合うデフサッカーの選手たち（写真／日本ろう者サッカー協会）。

連携のテクニック

声をかけてコミュニケーションをとることができないため、
手話やジェスチャー、アイコンタクトがプレーの連携をはかる手段になります。

●手話

手話で声をかけあいます。上の絵は「集中しよう」という意味です。

●ジェスチャー

手の動きなどで、方向や指示などを表します。

●アイコンタクト

どこにパスを出してほしいかなど、目だけで味方に意思を伝えます。

こんな競技も

デフフットサル

聴覚障がいのある人がプレーするフットサルです。デフサッカーと同じように、一般のフットサルと同様に行われます。デフフットサルの日本代表は、男女ともワールドカップに出場を果たすなど、世界で大きな活躍をしています。

デフフットサルの国際大会で活躍する日本チーム（写真／日本ろう者サッカー協会）。

知的障がい者サッカー

対象となる障がい者

どんな競技？

知的障がい者がプレーするサッカーです。国体の後で開催される全国障害者スポーツ大会の競技種目になっていて、国内で現在およそ7400人がプレーするなど、全国的に広がりを見せています。

ゴールキーパーを入れて11人対11人で行われるなど、ルールやピッチの広さなどは一般のサッカーと同じです。試合時間は国際大会などでは45分ハーフで前後半が行われますが、国内ではプレーヤーの障がいに応じて前後半30分ずつで行われることもあります。

一般のサッカーと同じようなスピード感がありますが、選手たちはひたむきにボールを追いかけ、汚いプレーなどがほとんど見られないのが知的障がい者サッカーの特徴のひとつです。

4年に一度のFIFAワールドカップが開催される年には、同じ開催国で知的障がい者サッカー世界選手権も開かれ、「もうひとつのワールドカップ」と呼ばれています。2014年のブラジル大会では、日本代表がベスト4入りという好成績をおさめています。

2018年知的障がい者サッカー世界選手権スウェーデン大会で躍動する選手たち（写真提供／日本知的障がい者サッカー連盟）。

 協力／日本知的障がい者サッカー連盟

対象となる障がい者

精神疾患
精神障がい

ソーシャルフットボール

どんな競技?

精神疾患や精神障がいのある人がプレーするフットサルです。年齢・性別・障がいの程度などの違いを超えて「社会的な連帯を目指す」ことが名前の由来で、もともとはイタリアで生まれたスポーツのムーブメントです。

競技の形態は一般のフットサルに準じます。国際大会では5人対5人ですが、国内では女子選手を含む場合、最大6人がプレーできます。試合時間やピッチの大きさは、大会ごとに設定されます。

他のいろいろな障がい者サッカーに比べ、精神障がいのある人のスポーツへの参加率はそれほど高いものではありません。病気になったことから自信が持てなくなる障がい者も多いようです。しかし、フットサルを通じて仲間と触れ合い、自信を持ってプレーする姿が少しずつ増え、広がりを見せています。

この「心の病い」を持つ選手によるフットサルは、2007年に大阪で国内大会が始まり、2016年には同じ大阪で世界大会が開かれるまでになりました。日本チームはこの第1回大会で見事初代チャンピオンとなりました。

ソーシャルフットボール全国大会決勝戦のようす（写真提供／日本ソーシャルフットボール協会）。

車いすラグビー

パラリンピック競技

対象となる障がい者

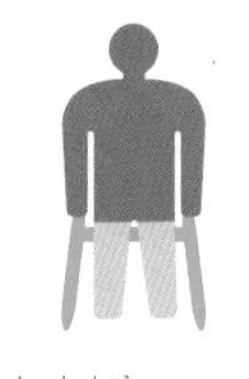

四肢障がい者

どんな競技？

四肢に障がいのある人たちのために考案された競技です。車いすを使用するパラスポーツの中で、ただひとつ、車いす同士の激しいぶつかりあいが許されています。

男女混合で1チームが12人で編成され、4人対4人がぶつかり合います。ルールは単純で、ボールを持った選手がトライラインを通過すれば得点となります。ディフェンスの選手はトライを阻止するために車いすで体当たりします。

この競技ではクラス分けと同時に持ち点制が採用されます。身体の使える機能が多い選手は持ち点が高く、少ない選手は低い設定で、コート上の4人の選手の合計持ち点が8点を超えてはいけないルールになっています。これにより、障がいの重い選手が出場する機会が増えることにつながっています。

この競技の見どころのひとつが試合の展開のスピードです。選手の交代に制限がないため、めまぐるしく選手が入れかわります。

そして、もうひとつの見どころは障がいの重い選手の役割。相手の動きを車いすでブロックして障がいの軽い選手のトライをサポートする動きは車いすラグビーの醍醐味のひとつになっています。

車いすをぶつけて相手のパスを阻止します。試合中は激しい金属音やタイヤのパンクがたえません（写真／時事通信）。

障がいの程度により、0.5点きざみで持ち点が決まります。持ち点は障がいが軽いほど高く、障がいが重いほど低くなります。そして、コート上の4名の合計の持ち点を、8点以内におさめなければなりません（女性が入る場合は1人につき0.5点加算OK）。

クラス	対象となる選手
3.5点	軽い 比較的軽度の障がいがある。体幹が利く選手が多く、片手でドリブルもできる程度。
2.0点	障がいが 中程度の障がいがある。腕の力で車いすの基本的な操作ができ、パスやキャッチも可能。
0.5点	重い 比較的重度の障がいがある。ディフェンスが主で、パスを行うことは少ないが、車いすの操作は可能。

チーム編成の例

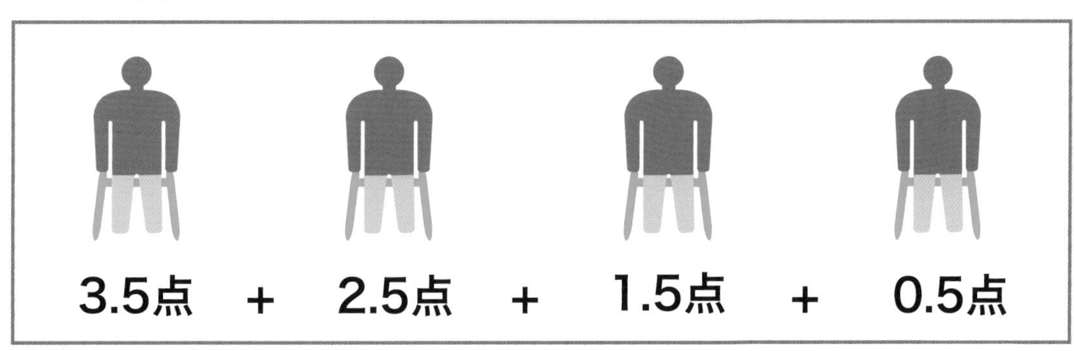

このチームの
合計持ち点は

= 8.0点

女子が出場する場合は、1人につき0.5点の加算が許可されます。
（下のチームの場合、女子2人が入ることによって、4人目に1.5点の男子選手が出場できます）

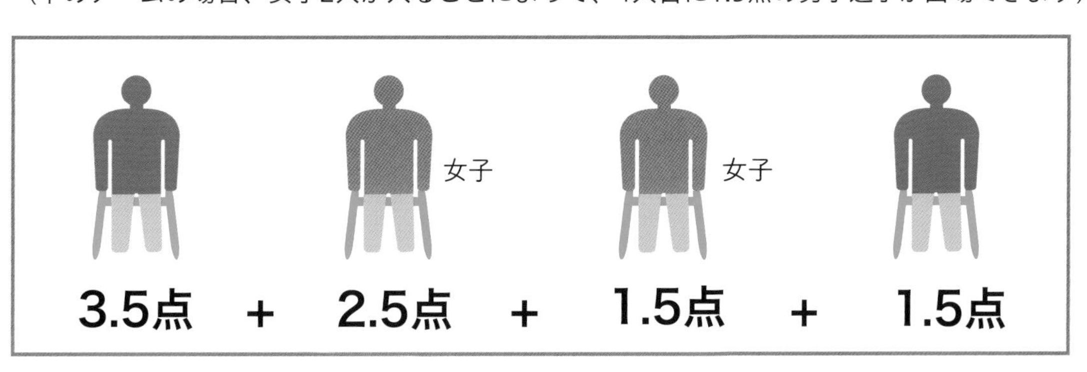

このチームの
合計持ち点は

= 9.0点

バスケットボールと同じ広さ。一般のラグビーとちがい、前方へのパスが認められています。

●センターライン

ボール運びの４つのルール

❶ボールを持った選手は、10秒以内に一度ドリブルまたはパスをしなければなりません。

❷オフェンス側（ボールを持った攻撃側のチーム）は、12秒以内にセンターラインを越えて、相手コートにボールを運ばなければなりません。

❸オフェンス側は、ボールを持ってから40秒以内にトライをしなければなりません。

❹一度相手コートに運んだボールは、自分のコートに戻せません。

28m

❷

❹

❶

8m

15m

1.75m

●キーエリア

オフェンス側がキーエリアに10秒以上とどまると反則になります。また、ディフェンス（守備）側がこのエリアに入れるのは3人までです。

●トライライン

ボールを持ってこのラインを越えると得点になります。オフェンス側はボールを持ってから40秒以内にトライをしなければなりません。

●ポスト

トライラインの両端にあります。選手が触れると反則になります。

●ペナルティボックス

ファウルをした選手は、1分間または相手がトライを決めるまでここに待機しなければなりません。

試合の流れ

1試合で8分間のピリオドを4回行い、合計得点を競います。
第4ピリオド終了時に同点の場合は、3分間の延長戦を行います。

第1ピリオド 8分	インターバル 2分	第2ピリオド 8分	ハーフタイム 5分／10分	第3ピリオド 8分	インターバル 2分	第4ピリオド 8分

特別なルール

激しい動きを伴う車いすラグビーには、選手のけがを防ぐために、車いすの扱いに関する独特のルールがあります。オフェンス側がこの反則をすると相手ボールになり、ディフェンス側がこの反則をすると、ペナルティボックスに入らなければなりません。

●スピニング・ファウル

車いすへのタックルは認められていますが、車いすの後方からのタックルは危険行為とみなされます。

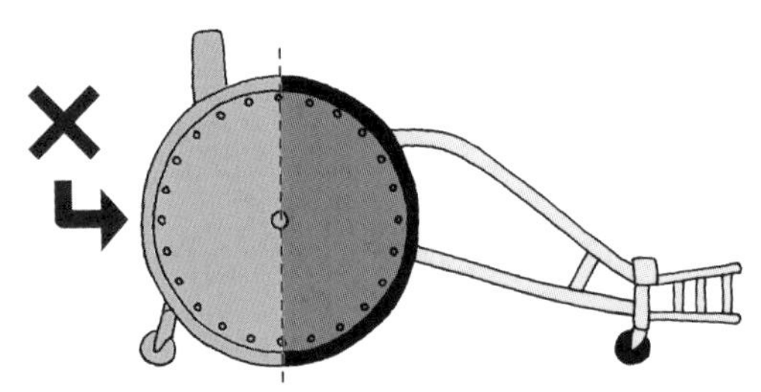

車輪の後ろ半分に対するタックルも禁止です。

●イリーガル・ユーズ・オブ・ハンズ

手や腕で、相手の身体や車いすを押さえこんだりすると、「違法に手を使った」という反則になります。

2タイプの車いす

車いすラグビーに使用される車いすは、激しいタックルに耐えられるように、太いパイプやバンパーなどのフレーム、スポークカバーを装着するなど、とても丈夫にできています。また、攻撃用と守備用の2種類があることも大きな特徴です。

●攻撃型車いす

コンパクトで小回りが利く攻撃型です。おもに障がいが軽い選手が使用します。相手のタックルを受けても、ひっかかりにくいように、全体に丸みを帯びた形をしています。

バンパー

スポークカバー

●守備型車いす

おもに障がいの程度が重い選手が使います。前にバンパーが突き出ていて、ディフェンスのときはこれをぶつけて相手の動きをとめ、オフェンスのときは相手の進路をブロックして、味方のトライを助けます。

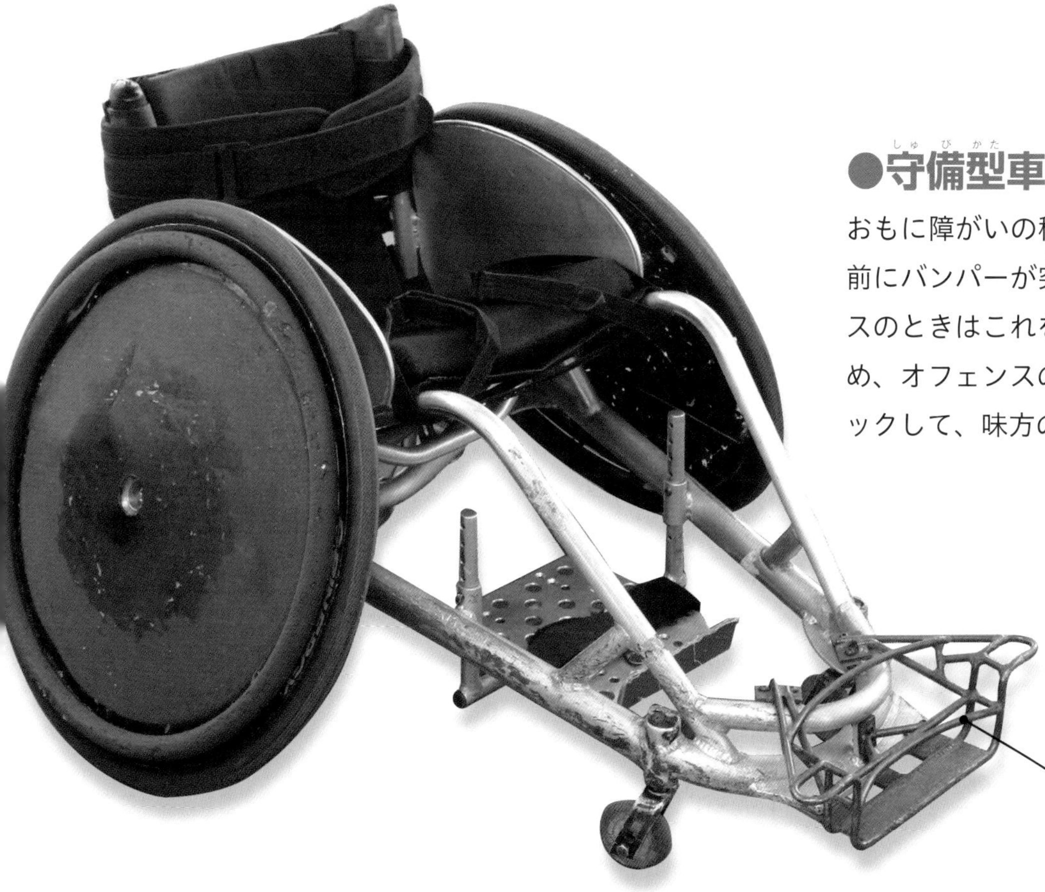

バンパー

身体障がい者野球

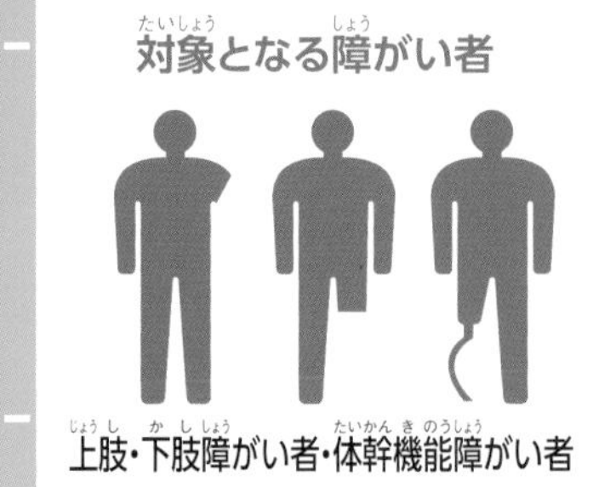

どんな競技?

上肢や下肢に障がいのある人が行う野球です。9人で編成される2チームが攻守を交代しながら、9イニング（または7イニング）の合計得点で勝敗を決めます。

一般の軟式野球とほぼ同じルールで行われますが、身体障がい者野球ならではの特別なルールもあります。特徴的なのは、下肢障がいで走ることが困難な選手が打席に立つとき、別の選手が走塁すること（打者代走）が認められている点です。

そのほか、盗塁は認められず（タッチアップはOK）、バントはそのような打撃しかできない人を除いて禁止されていることなどがあります。

また、打者や捕手には、特別な用具の使用が認められています。車いすで打席に立つ選手、松葉杖で打撃や走塁、守備を器用にこなす選手、足のふんばりが利かないため、脚立を立てて足の代わりにする選手もいます。

上肢に障がいのある選手たちは、グローブでボールをキャッチすると、すぐに持ちかえてグローブをはめていた方の手ですばやくボールを投げ返します。選手がそれぞれ自分の障がいに応じたプレーを華麗にこなすのは、身体障がい者野球を観戦するひとつの楽しみになっています。

一般の野球と同じグラウンドで行われますが、三塁〜本塁ベースの延長線から1m下がったところに1本の白線が書き加えられます。これは、走塁が困難と認められる打者が打席に立つとき、打者代走がスタートするラインです。

上肢障がいのある投手の投球と、下肢障がいのある選手の打撃のようす（写真／日本身体障害者野球連盟）。

いろいろな打撃方法

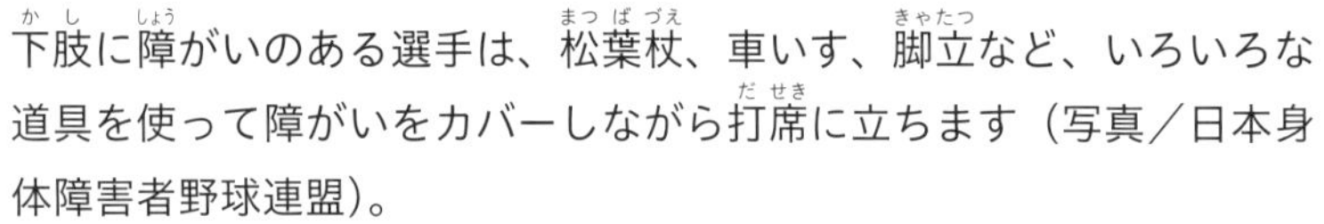

下肢に障がいのある選手は、松葉杖、車いす、脚立など、いろいろな道具を使って障がいをカバーしながら打席に立ちます（写真／日本身体障害者野球連盟）。

華麗なプレー

右の上肢に障がいがある選手の華麗なグラブさばき。左手のグラブで捕球し、すばやくグラブを右脇にかかえながら、左手でボールを持って送球します（写真／日本身体障害者野球連盟）。

協力／日本身体障害者野球連盟

こんな「野球」も

フットベースボール

サッカーボールより少し小さなボールを蹴って行う野球に似た競技で、「キックベースボール」ともいいます。野球と比べると塁間の距離は短く、小学生クラスが16m、一般のクラスは18mです。11人対11人で7回戦で行われます。

車いすソフトボール

対象となる障がい者

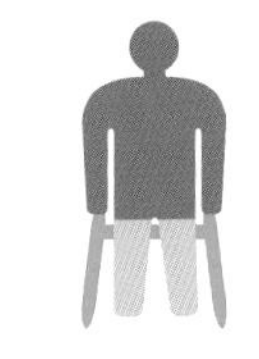

下肢障がい者

どんな競技?

車いすを使用して行うソフトボールです。発祥のアメリカでは40年以上前から全米選手権が行われるなど、さかんな車いす競技になっています。2028年パラリンピック・ロサンゼルス大会で正式種目入りを目指しています。

車いす競技ならではのルールがいくつかあります。16インチの大きなソフトボールを使用し、「スローピッチソフトボール」という山なりの投球が特徴です。1チーム10人で試合が行われ、守備につく10人目の選手「ショートフィールダー」は、投手と捕手の定位置以外、どの位置で守ってもよいことになっています。また、攻撃側の特徴としては、全打席が1ストライク1ボールから開始され、2ストライク後はファウルでも三振になります。1塁ベースには、接触によるケガを防ぐため、駆け抜け用のベースが設けられます。

また、障がいの程度によって4つのクラスに分けられ、最も障がいが重いクラスQ（クアード）の選手を最低1人入れなければなりません。

障がい者と健常者、年齢や性別を問わず、誰もがいっしょに楽しめるのが車いすソフトボール。バリアフリーのスポーツとして、日本でも普及が進んでいます。

アメリカチームと国際試合を行う日本チーム（写真／日本車椅子ソフトボール協会）。

クラス分け

障がいの程度によって、4つのクラスに分けられます。頸髄損傷者、またはそれに準じる上肢障がい者はクラスQ（クアード）になります。

クラス	対象となる選手
クラスⅢ	下肢の機能があり、旋回も十分にできる。下肢切断や健常者も含む。
クラスⅡ	腹筋・背筋は利くが、下肢の機能や旋回の動作が弱い。
クラスⅠ	腹筋・背筋の機能がないか、弱い。体幹があまり利かず、座位のバランスが悪い。
クラスQ	頸髄損傷者またはそれに準じる障がい。各チーム最低1人は出場しなければならない。

軽い
障がいが
重い

グラウンドのイメージ

10人目の選手「ショートフィールダー」は投手と捕手の位置以外、どこを守ってもOK。1塁に駆け抜け用のベースが設けられています。

グランドソフトボール

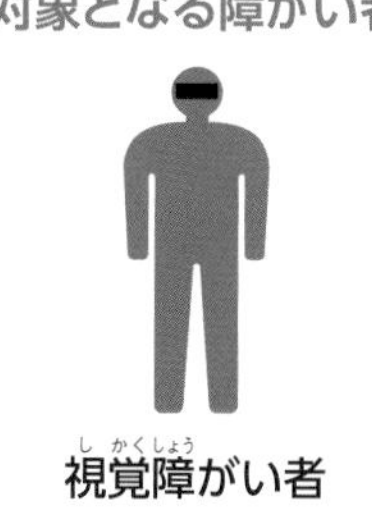

視覚障がい者たちがプレーできるように工夫された、野球に似た日本独自のパラスポーツです。使用するボールはハンドボールほどの大きさのもので、投手がホームベースに向かって転がしたボールを、打者がバットで打ちます。

1チームは野球より1人多い、10人で構成され、野球にはない「右遊撃手」が、おもに外野を守ります。10人のうち、4人は全盲の選手が入ることがルールとして定められています。

全盲の選手は、腕章などを両腕に巻き、アイシェードを着けて出場します。弱視者や晴眼者が、アイシェードで完全に見えない状態になって全盲の選手の代わりに出場することもあります。

この競技の特徴のひとつが、全盲の選手が投手をつとめることです。投手は、捕手が手を叩く音を頼りにストライクゾーンに向かってボールを転がします。高度な試合になると、豪速球やカーブ、チェンジアップなどの変化球を投げる本格的なピッチングも見られます。また、専用の走塁ベースや、走塁の方向を声で知らせるガイド（コーチャー）をおくなど、全盲の選手が不利にならないように、いろいろなルールが決められているのも、グランドソフトボールの特徴です。

全盲の選手が不利にならないように、グラウンドの上にいろいろな工夫が見られます。

キャッチャーが発する音だけを頼りに投球する全盲の投手（写真／全日本グランドソフトボール連盟）。

グランドソフトボールの公式試合球。円周が58 ～ 60cmと決められています。
（画像提供／モルテン）

特別なルール グランドソフトボールには、視覚障がい者を含んで行われる競技ならではのルールがあります。

●全盲の選手は一目でわかりやすく

全盲の選手は、全盲であることを示す、ユニフォームの袖口と区別がつきやすい色（黄色以外）の腕章などの表示物を両腕につけ、アイシェードを着用してプレーしなければなりません。また、投球は必ず全盲の選手が行わなければなりません。

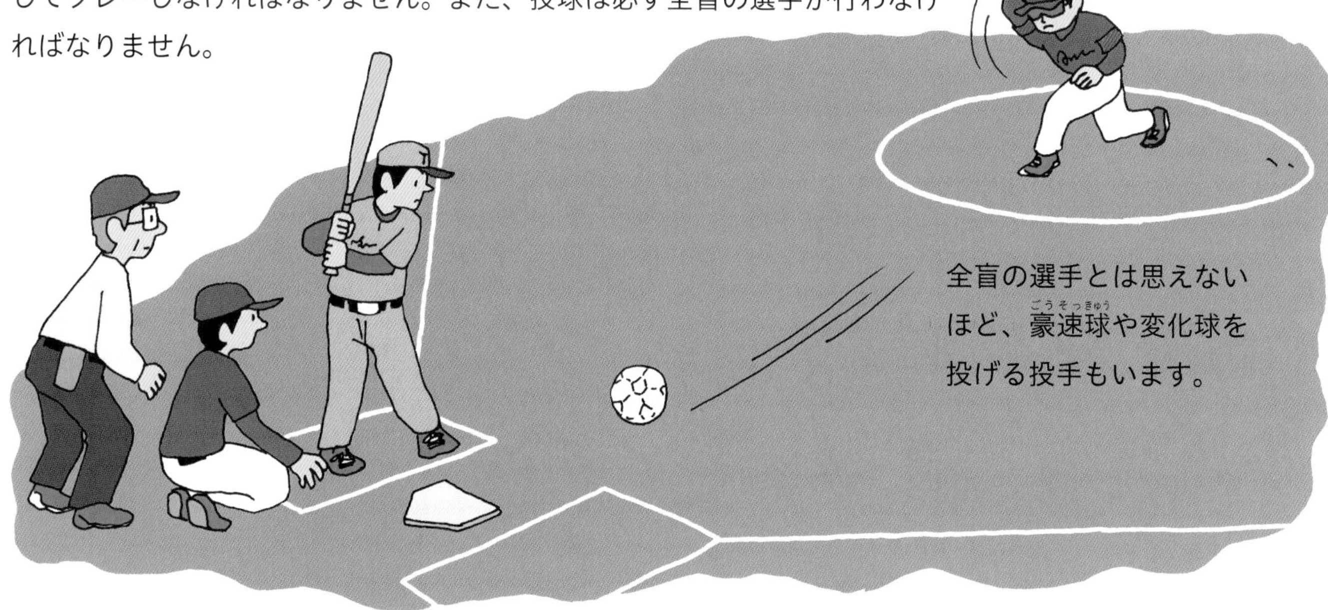

●走塁専用ベース

全盲の選手が走塁の際に、衝突してけがをしないように、守備用ベースの他に走塁専用ベースが別に設けられています。また、全盲の選手は、ランナーコーチャーが出す手を叩く音を頼りに走塁します。

●捕球

守備についた全盲の選手が、動いている打球をそのまま捕球すると、たとえそれがゴロでも打者はアウトになります。その場合は、一般の野球のフライアウトと同様に、走者は塁に戻らなければなりません。このルールがあるため、全盲の選手の活躍が、試合の勝敗を大きく左右します。

全盲の選手が捕球し、走者の帰塁が遅れるとダブルプレーを取れるチャンスがあります。

●ボールデッド（試合停止）

マウンドには半径1.5mの円が書かれていて、このエリアにボールがあるときは「ボールデッド（試合停止）」となり、ランナーは元の塁に戻されます。このルールは、守備側の全盲の選手がボールを持ったままどこにも送球できないときに、走者が走り放題になるのを防ぐためにあります。

協力／全日本グランドソフトボール連盟

観たい! 参加したい!
パラスポーツのイベント

パラリンピック

4年に一度、肢体不自由・視覚障がい・知的障がいなどの障がいのあるトップアスリートが出場できる、世界最高峰の国際競技大会です。オリンピックと同じ年に同じ場所で開催されることになっています。2020年8～9月に開かれる予定だったパラリンピック・東京大会は、新型コロナウイルス感染拡大の影響で開催が1年延期され、2021年8月に開かれることになっています（2020年8月現在）。

【日本パラリンピック委員会】
https://www.jsad.or.jp/paralympic/

リオ2016パラリンピック競技大会開会式の日本代表選手団（写真／アフロ）。

2017年トルコで行われたデフリンピック（写真／アフロ）。

デフリンピック

4年に一度、聴覚障がい者を対象に行われる国際的な総合スポーツ競技大会です。歴史はパラリンピックよりも古く、1924年に夏季の大会が始まりました。競技中の補聴器などの使用は認められておらず、音が聞こえない状態でプレーするため、目で見えるコミュニケーションを大事にするシーンが見られます。

【全日本ろうあ連盟】
https://www.jfd.or.jp/sc/deaflympics

スペシャルオリンピックス

知的障がい者のためのスポーツ活動です。一人ひとりの障がいの程度に合わせて継続的にトレーニングを受け、その発表の場として大会や競技会が催されます。スペシャルオリンピックス日本では、これまで1995年から4年に一度ずつ全国大会を開催。現在、夏季の17競技、冬季の7競技を実施しています。

【スペシャルオリンピックス日本】
https://www.son.or.jp

スペシャルオリンピックスの世界大会のようす。成績に関係なく、トレーニングから大会までやり抜いた全ての障がい者が表彰されます（写真提供／スペシャルオリンピックス日本）。

全国障害者スポーツ大会

障がい者の全国スポーツ大会です。1965年より36回にわたり開催されてきた全国身体障害者スポーツ大会と、1992年より8回（第4回大会中止）にわたり開催されてきた全国知的障害者スポーツ大会（ゆうあいピック）が統合され、新たに「全国障害者スポーツ大会」として開催されることとなりました。2001 年の初開催以降、毎年国体の終了後に同じ場所で行うことになっています。2019 年茨城大会は台風により中止、2020 年鹿児島大会は新型コロナウイルス感染拡大により、延期となりました（2020年8月現在）。

【日本障がい者スポーツ協会】
https://www.jsad.or.jp/

2013年の全国障害者スポーツ大会（東京）開会式のようす（写真／アフロ）。

2019年の全国身体障害者野球大会開会式のようす（写真／全国身体障害者野球連盟）。

【身体障害者野球】

全国身体障害者野球大会

1993年から神戸市で開かれている、国内最大規模の身体障害者野球大会です。「障害者野球の甲子園」とも呼ばれ、全国で行われる予選の結果、選抜された16チームにより、トーナメント戦で行われます。また、4年に一度、世界身体障害者野球大会が開かれます。

【全国身体障害者野球連盟】
https://www.portnet.ne.jp/~ciwasa30/

【ブラインドサッカー】

体験型ダイバーシティ教育プログラム『スポ育』

日本ブラインドサッカー協会が、希望する学校に出向いて開催しているブラインドサッカー教室です。選手と同じようにアイマスクを着け、転がると音がなるボールの音を頼りにしてブラインドサッカーの世界を体験できます。子供たちは障がいとは何か、コミュニケーションがいかに大切かを学んでいきます。これまで3000件以上の体験プログラムが行われ、13万を超える小中学生が体験しています。

【スポ育】 http://supoiku.b-soccer.jp/about/

写真／日本ブラインドサッカー協会

※2020年8月現在、イベントに関する情報はすべて確定していません。詳しくは各大会や競技団体のホームページなどでご確認ください。

さくいん

あ

か

さ

た

な

は

（ふじたもとあき）

藤田紀昭 日本福祉大学教授

博士（社会福祉学）。1962年香川県生まれ。
筑波大学大学院修士課程修了。2017年より日本福祉大学スポーツ科学部 学部長。スポーツ庁（文部科学省）「オリンピック・パラリンピック教育に関する有識者会議」委員などを歴任。『パラリンピックの楽しみ方』（小学館）など、障がい者スポーツ研究の著書多数。

●構成・文 グループ・コロンブス（鎌田達也）
●イラスト 丸岡テルジロ
堀江篤史
●写真 アフロ
時事通信
●装丁デザイン 村崎和寿（murasaki design）
●校正 鷗来堂

●編集協力（敬称略）
日本障がい者スポーツ協会・日本ブラインドサッカー協会・
日本CPサッカー協会・日本アンプティサッカー協会・
日本電動車椅子サッカー協会・日本ろう者サッカー協会・
日本知的障がい者サッカー連盟・日本ソーシャルフットボール協会・
日本車いすラグビー連盟・日本身体障害者野球連盟・
日本車椅子ソフトボール協会・全日本グランドソフトボール連盟・モルテン
日本パラリンピック委員会・全日本ろうあ連盟・スペシャルオリンピックス日本
【表紙写真協力】日本身体障害者野球連盟

決定版!
パラスポーツ大百科 3
[サッカー・野球・ラグビー ほか]

2020年9月30日 第1刷発行

監 修 藤田紀昭
発行者 岩崎弘明
発行所 株式会社岩崎書店
〒112-0005 東京都文京区水道 1-9-2
電話（03）3812-9131（営業）／（03）3813-5526（編集）
振替 00170-5-96822
ホームページ：http://www.iwasakishoten.co.jp
印 刷 株式会社光陽メディア
製 本 大村製本株式会社

ISBN978-4-265-08833-1 48頁 29 × 22cm NDC780
Published by IWASAKI Publishing Co.,Ltd. Printed in Japan
ご意見・ご感想をお寄せください。e-mail : info@iwasakishoten.co.jp
落丁本・乱丁本は小社負担でおとりかえいたします。